Les

COLONS D'ALGER

A LA FRANCE.

DOMINATION GÉNÉRALE.

Colonisation Progressive.

GOUVERNEMENT CIVIL.

MARSEILLE,

IMPRIMERIE DE MARIUS OLIVE, RUE PARADIS, 47.

1840.

LES COLONS D'ALGER A LA FRANCE.

La convention de la Tafna et le système d'une occupation restreinte ont été la première cause des revers qui ont surpris notre armée et des malheurs qui pèsent sur les colons de l'Algérie.

En dotant l'ennemi le plus influent et le plus habile de trois des quatre provinces qui composent le territoire de l'ancienne régence, en ne se réservant qu'en termes équivoques, une souveraineté nominale, et en abandonnant toute l'autorité réelle à un seul chef, nous avions organisé les tribus arabes jusqu'alors divisées, et créé une puissance qui pouvait disposer de toutes les forces des indigènes de l'Algérie, et les diriger dans les circonstances les plus défavorables pour nous, sur les portions du littoral qui, avec la province de Constantine, composaient notre territoire.

La part que nous avions faite à l'émir de la moitié de la Mitidja et l'abandon des montagnes qui commandent cette plaine, exposaient nos établissements aux plus grands dangers en temps de guerre et les mettaient dans la condition la plus fâcheuse en temps de paix. Cette paix ne pouvait être, en effet, qu'une trève dans laquelle chacun cherchait à se fortifier et à nuire à son ennemi par tous les moyens cachés; au moins Abd-el-Kader ne l'avait pas comprise autrement, et il ne chercha pas même à voiler ses projets.

Après avoir exercé les traitements les plus cruels contre les Coulouglis, après avoir fait un appel à tous les Musulmans qui habitaient notre territoire et nos villes, et dont il favorisait publiquement et librement la désertion, il excita de toute manière au brigandage les Arabes, qui y sont déjà assez portés par l'appât de l'objet volé. Ils purent à leur aise organiser leurs bandes derrière la Chiffa et sur les montagnes du petit Atlas, et l'impunité leur fut acquise dès qu'ils avaient gagné le territoire où le traité nous défendait de pénétrer. Aussi la partie de la Mitidja soumise à notre juridiction fut le théâtre de plus de vols et meurtres, que lorsque nous étions en guerre ouverte avec les tribus; car alors au moins nous pouvions punir les brigands et leurs complices.

Ainsi furent retardés les progrès de la culture européenne, et les tribus arabes, à qui Abd-el-Kader avait intimé l'ordre de passer sur son territoire, furent si souvent pillées que, de gré ou de force, le canton de Beni-Khelil finit par être abandonné de ses anciens habitants, et à ce point, qu'à l'exception de trois ou quatre localités, où la population s'était agglomérée, ce canton, qui a plus de trente lieues carrées, était désert lors de l'invasion. La moitié de Beni-Moussa était aussi passée à l'ennemi, à la suite de razias qui enlevaient les habitants autant que les bestiaux.

Cependant, l'émir revendiquait et se mettait en possession, du côté de l'Est, d'une partie du territoire que le traité ne lui attribuait pas. Le peu d'importance que le gouvernement attachait à la colonisation des Européens, l'indifférence qu'il mettait à la soumission de plus ou moins de tribus indigènes, l'utilité qu'il avait proclamée de ne posséder qu'un territoire restreint, et plus encore, l'embarras d'une nouvelle guerre, firent que l'on ferma les yeux sur ces insolentes infractions; mais aujourd'hui qu'il n'y a plus de motifs pour ne pas les ouvrir, que les funestes résultats de notre précédente politique servent du moins d'enseignement à l'avenir, et que l'on sache bien que pour avoir la paix en Algérie, il faut établir la domination française sur la population arabe.

Cette domination exigerait, sans doute, trop de sacrifices, s'il était nécessaire d'y contraindre toutes les tribus, même dans les lieux les plus reculés, par une action immédiate et directe. La puissance d'Abd-el-Kader détruite, il sera facile de maintenir notre empire, en déléguant une partie de l'autorité à des chefs musulmans, mais en ne perdant jamais de vue de diviser le pouvoir et de ne pas laisser un chef indigène devenir assez puissant pour pouvoir lutter contre la France. Notre circonspection, dans l'octroi de notre confiance, doit être d'autant plus grande que celui à qui nous accorderions ou laisserions le commandement, serait d'origine Arabe et aurait par sa famille, ses alliances, sa fortune, une plus grande influence sur les tribus, indépendamment de l'autorité dont nous l'aurions revêtu. Mais ce serait aussi une illusion de penser que nous pourrions obtenir cette domination sur le pays, sans y prendre nous-mêmes une part active et continue au moins dans un certain rayon. Si au lieu d'occuper par notre armée une partie étendue du territoire et de nous porter contre les rebelles, nous allions la placer derrière les murs de quelques villes du littoral donnant à des Klefas et des Beys la commission de gouverner à notre profit, bientôt ceux-ci se détacheraient d'une nation qui prétendrait aux béné-

fices de la souveraineté, sans en accepter les char-
ges ; partageant eux-mêmes notre déconsidération,
ils n'auraient que des titres honoraires, aussi dangereux pour eux que ridicules pour la France qui les
en aurait investis. L'ennemi ne tarderait pas à s'organiser partout autour de nous ; nous aurions de
nouveau abdiqué la souveraineté en faveur des
Arabes, et notre armée, disséminée en garnisons de
ports de mer, serait vouée à subir des siéges perpé-
tuellement, sans autres résultats pour le pays que
d'anéantir tout commerce, et de faire périr de misère
les Européens et les indigènes qui y auraient fixé
leurs demeures, à l'exception des vivandiers et
cabaretiers qui seuls pourraient y prospérer.

Et lors même que derrière nos murailles nous
aurions encore une politique assez habile pour empê-
cher les Arabes et les Kabayles de nous enceindre
de leurs bandes et de leurs embuscades, et leur faire
rendre un sincère hommage à notre bannière qu'ils
apercevraient immobile sur nos forteresses, quel
fruit réel retirerions-nous d'une occupation aussi
coûteuse ? Quelle serait la fin de tant de sacrifices ?
Et en cas de guerre avec une puissance maritime,
quelle garantie aurions-nous pour maintenir l'obéissance des tribus arabes et préserver nos établissements d'être menacés et assiégés du côté de la terre
comme du côté de la mer?

Non, les nombreux exemples acquis depuis le

commencement de la conquête nous ont trop prouvé que pour soumettre les populations de l'Algérie et en particulier celles qui entourent la Mitidja, il ne suffit pas de mettre l'ennemi en fuite dans des expéditions rapides et de l'atteindre dans quelques combats, et puis de revenir, sans laisser d'autres traces de notre passage que les cendres de quelques chaumières ou les murs de quelques villes. La présence du vainqueur est indispensable jusqu'à ce que la soumission de toutes les tribus ait été efficace, qu'elles aient reconnu et qu'elles respectent les chefs de notre choix, qu'elles s'acquittent du service qui leur est imposé, qu'elles paient l'impôt légal. Jusqu'à ce que les tribus aient contracté l'habitude de cette obéissance, que notre empire soit en quelque sorte organisé parmi elles, il faut nécessairement employer la force, ou plutôt il faut avoir la force prête à agir; car, plus nous serons craints, moins nous aurons besoin de punir.

L'occupation par nos troupes ou par de fidèles alliés d'un nombre de points suffisants pour commander l'épaisse chaîne du petit Atlas est donc le fait qui doit assurer et fixer la conquête. En prenant provisoirement pour limite du pays soumis à notre obéissance immédiate une ligne qui, passant par Cherchell, irait à Miliana, à Medeah, au Hamza, à Oued-Zitoun et Delhis; en entretenant des garnisons dans ces localités et sur quelques points intermédiaires, il n'y aurait guère de tribus; dans une zòne de montagnes d'environ dix lieues de largeur, qui ne pût être surprise et châtiée par une colonne sortie à l'improviste et qui aurait fait une marche de moins de vingt-quatre heures et souvent d'une seule nuit.

C'est ce système militaire que les Turcs avaient adopté après une expérience de trois cents années, et par lequel, au moyen de forces bien inférieures à celles que nous entretenons en Algérie, ils avaient soumis le pays. Par cette tactique, leurs troupes pouvaient choisir l'occasion, se porter tantôt sur un point, tantôt sur un autre, et contraindre ainsi des populations nombreuses et guerrières, mais divisées. A l'aide de ce système, ils eussent pu assurer la prospérité du pays et y faire fleurir la paix; mais administrer et coloniser leur étaient choses inconnues, et ils abusaient sans cesse de leur puissance pour se livrer à des exactions. Leur sévé— rité n'eût pas été blamable si elle s'était exercée seulement dans un but gouvernemental; mais elle était cruelle et atroce lorsqu'elle sévissait pour satisfaire à la cupidité, qui était le mobile de chaque chef.

Sur la route de Médéah au Hamza et à Miliana, nous retrouverons les traces de cette ligne. Chaque journée de marche est marquée par un fort ou par une vaste ferme cultivée autrefois par de petites tribus dévouées, qui, pour prix de ces concessions, étaient tenues à un service particulier. C'est dans une de ces localités qu'Abd-el-Kader, qui sait profiter de l'exemple de ses anciens maîtres, a établi la tribu d'Oulec-Chebel, qui avait de si belles cultures, dans le canton de Beni-Khelil, et qui, après s'être préservée des brigandages des Hadjoutes et avoir résisté à toutes les sollicitations et les menaces de l'émir, a été forcée, lors de la dernière invasion, d'abandonner la Mitidja.

En prenant ces positions menaçantes et suivant la règle politique, que la nécessité a constitué droit dans le pays, la responsabilité des tribus pour les crimes et actes de rebellion qu'elles n'ont pas empêchés; en n'hésitant pas à infliger des châtiments nécessaires, d'autant plus rares que les premiers exemples seraient plus terribles; les populations des montagnes seraient non-seulement forcées désormais d'interdire aux brigands le passage de leurs sentiers, mais elle nous aideraient en temps de guerre venant de dehors, à défendre ces gorges difficiles où la nature semble avoir construit elle-même, pour la sécurité de la plaine, des remparts presqu'inexpugnables. Tous les points occupés par nos troupes se lieraient les uns aux autres par une journée ou tout au plus par deux journées de marche. Les postes intermédiaires pourraient ne renfermer que de très faibles garnisons, dont l'objet serait seulement la garde de la position; et il vaudrait mieux que les colonnes fussent en petit nombre, que de risquer qu'elles ne fussent pas toujours assez fortes pour attaquer et châtier les rebelles.

Ces agiles garnisons seraient un moyen irrésistible de soumission pour la France et de protection contre les peuplades du dehors ; et les tribus du territoire intérieur, après avoir concouru à la bonne police, aidé au ravitaillement des troupes, ne tarderaient pas à devenir de instruments de domination que nous pourrions pousser en avant. Mais pour que ces troupes, ainsi placées dans ces postes de l'intérieur, pussent rendre tant de services, il faudrait qu'habituées au pays et acclimatées, elles sussent profiter des ressources locales, que leur organisation spéciale ne fit pas dépendre leur subsistance du service ordinaire de l'intendance de l'armée, qu'enfin, leur résidence dans le même lieu fût assez longue pour bien connaître leur terrain, et que jamais plus de la moitié des troupes ne changeât de poste à la fois.

Ainsi, après avoir évité les inconvénients de l'occupation restreinte au littoral, on ne tomberait pas dans ceux, tout aussi grands, de l'occupation prématurée de points très éloignés les uns des autres, et reculés dans l'intérieur.

Il n'est pas besoin d'énumérer les conséquences fâcheuses de l'occupation de ces points, quand le pays, qui les sépare du littoral ou d'un centre de domination, n'est pas soumis. L'histoire récente de l'Algérie, en offre trop d'exemples; mais, en nous exprimant ainsi, nous ne voulons pas dire qu'il faille abandonner ces villes et ces positions où nos troupes sont déjà établies. Loin de là, nous proclamons au contraire que c'est une loi de l'honneur et de la politique de ne retirer jamais le drapeau français du lieu où il a été planté.

D'ailleurs, si dans un point très reculé, il se trouve une garnison assez forte et organisée de manière à sortir au gré de son chef en colonne mobile, et pouvant ainsi commander au territoire placé autour d'elle, elle est utile à la domination française; tandis que des troupes placées dans des lieux très rapprochés du centre de nos forces, si on croit devoir leur imposer la consigne de ne pas sortir de leurs camps, deviennent des instruments inutiles ou un embarras pour le reste de l'armée, qui est obligée chaque mois, chaque semaine, de se mettre en campagne, pour apporter des vivres à ces assiégés.

En indiquant les conditions de l'occupation la plus utile, nous n'avons pas également entendu critiquer toute incursion jusqu'au lieu où l'ennemi a établi ses arsenaux. Il faut sans doute briser d'abord sa force pour parvenir ensuite à régulariser la conquête, et il convient de montrer aux populations qu'il a réunies sous son joug et qui depuis longtemps déjà voudraient s'y soustraire, que la puissance qu'elles redoutent n'est qu'une vaine fumée, que le souffle de la France dissipe et détruit.

Dix à douze mille hommes paraissent suffire pour occuper les villes et les positions les plus importantes de la ligne de ce territoire, soumis provisoirement à notre domination immédiate, et pour fournir des garnisons à Blida et Coléah.

La colonie des Coulouglis de Oued-Zitoun, qu'il convient de rétablir le plus tôt possible, allégerait beaucoup cette tâche.

Les alentours de la Mitidja ainsi gardés, cette belle plaine, n'aurait, ce semble, besoin, ainsi qu'Alger et son massif, que d'une simple police, pour que les habitants pussent se livrer avec sécurité à leurs travaux; cependant, pour employer tous les moyens que la prudence peut suggérer, il conviendrait de former dans cette plaine deux ou trois camps de cavalerie, dont l'effectif total s'élèverait à quinze cents cavaliers; mille hommes de gendarmerie ou de troupes spéciales sédentaires, moitié à pied, moitié à cheval, seraient aussi distribués dans les fermes et les villages, en brigades fortes chacune d'au moins quinze hommes. Au bout de deux ou trois ans au plus, les brigades de gendarmerie et les colonnes mobiles pourraient être dédoublées, la cavalerie de la Mitidja déplacée, et sa résidence fixée dans les plaines qui s'étendent au sud du petit Atlas. Ainsi, par une marche progressive et d'autant plus rapide que notre administration serait plus habile et plus ferme, nous arriverions à occuper une très grande partie de l'Algérie et à la dominer complètement.

Mais, de quel avantage serait cette domination? quelle garantie aurions-nous de sa durée, si une population active, énergique, persévérante dans le travail, ne venait pas développer l'exploitation des ressources du pays, améliorer et accroître les fruits de la culture, et demander au commerce de la mère patrie les produits de son industrie dont les indigènes ignorent l'usage? Ces colons, producteurs et consommateurs à la fois, auraient bientôt formé comme une armée stable, permanente, féconde, qui, nonobstant les désignations géographiques, enracinerait la conquête, changerait le territoire de l'Algérie en territoire français, et qui, en cas de guerre avec une puissance européenne, éviterait à la France la peine de faire traverser la Méditerranée à ses recrues pour maintenir en Afrique l'intégrité de sa conquête.

Cette colonisation européenne s'est naturellement portée dans la partie de l'Algérie où elle peut être le plus facilement protégée, et où elle est le plus utilement placée pour devenir élément de domination. C'est à Alger, point central de nos forces, sur le massif auquel il est adossé, dans la belle et vaste plaine qui l'environne, et dont un prolongement vient aboutir jusqu'aux portes de la ville. C'est là que se sont établis les deux tiers des Français et des Européens que leur confiance dans le grand nom de la France et dans l'avenir des contrées qui relèvent de sa puissance, a attirés en Algérie; c'est là qu'ils ont porté la plus grande partie de leurs capitaux, et que, depuis dix années, luttant avec succès contre des difficultés sans nombre, dont les plus grandes sont venues du fait même de l'administration, ils ont changé Alger en une ville nouvelle, couvert d'habitions et de cultures une étendue considérable du massif, et formé un village et vingt grands établissements dans la Mitidja, où, sans les obstacles dont nous avons déjà rapporté une partie et les malheurs de la dernière invasion, ils aideraient de leur voisinage la création des hameaux déjà commencés et celle de nouvelles fermes.

Cette prospérité progressive se développait presque sans l'assistance de l'autorité; celle-ci avait, il est vrai, assis des camps autour de la plaine, mais par suite des circonstances que tout le monde connaît, ils n'offraient qu'une protection apparente et illusoire; quant aux routes que les colons sollicitaient dans l'intérêt de l'agriculture de la plaine, et pour lesquels l'administration s'est montrée généreuse dans le massif, ils avaient vainement attendu.

Quant aux brigades de gendarmerie ou de troupes

spéciales pour la police dont l'établissement était indispensable, pour la sécurité des habitants européens et indigènes, elles n'existaient qu'en projets,
et tantôt sous un prétexte, tantôt sous un autre, leur
création était différée. Il en était de même des travaux de dessèchement pour lesquels la chambre a
voté, pendant les deux dernières années, des fonds
qui ont été détournés de leur application la plus utile.
Deux villes entourées de murailles, occupées par nos
troupes, placées dans des lieux fertiles et salubres,
offraient tous les avantages désirables à des colonies
naissantes; là, l'air est éprouvé, les eaux saines et
abondantes, les terres défrichées; des maisons offrent
sinon des demeures commodes, du moins des abris
provisoires, qui seraient bientôt réparés; là, en cas
de guerre, les colons seraient abrités; et, unis à une
partie des indigènes par un intérêt commun, ils pourraient garder, presque à eux seuls, ces avant-postes
de la Mitidja. Depuis plusieurs années, les princi-
pales propriétés que renferment ces villes et leur
banlieue ont été achetées par les Européens. Une
volonté du gouvernement, dont les colons n'ont jamais pu comprendre la cause, et dont on a cherché
à déguiser l'absurdité, en prétextant que les travaux
des planteurs européens n'auraient pour résultat
que la dévastation par leurs propres mains de ces
immeubles qu'ils ont si chèrement acquis, cette volonté interdit à tout colon d'aller cultiver son jardin,

d'aller réparer sa maison; et l'interdiction, qui n'a pas été levée, avait forcé les cultivateurs à rester dans les marais de Bouffarik, ou à tenter de s'établir sur d'autres points peu propices, ou encore à construire à grands frais sur une terre nue, avec des matériaux venus d'Alger, des hameaux isolés de toute agglomération d'habitants.

Ainsi, l'élan qui pousse les colons à s'établir dans la plaine, n'a pas cessé d'être comprimé, tandis que des faiseurs de projets excitent le gouvernement à réserver toutes ses faveurs pour des établissements éloignés du centre, dans des pays non encore éprouvés.

Les colons d'Alger ne blâmeront certes jamais l'administration d'autoriser et de protéger des établissements civils dans quelques lieux que ce soit de nos possessions; ils sont au contraire convaincus que sur tous les points du littoral, comme dans toutes les villes de l'intérieur où la population civile trouvera avantage à s'établir, il y a intérêt pour la domination française, comme pour la prospérité de l'Algérie, à les laisser faire, à les protéger, à les encourager; mais s'efforcer de détourner la colonisation de la Mitidja, de son but naturel, pour la pousser sur Philippeville et même sur Cherchell, c'est méconnaître, c'est froisser tous les intérêts du pays.

Il n'est pas besoin, sans doute, de décrire de nouveau cette plaine, dont il a été tant parlé, et qui est si connue des colons et de nos soldats ; de parler de sa fertilité, de l'abondance de ses cours d'eau, de ses orangeries, de la facilité qu'il y aurait à réparer ses canaux, et à dessécher les marais qui en occupent moins de la vingtième partie, et qui, pendant quatre mois de l'année seulement, rendent insalubres quelques quartiers voisins du Sahel.

Le voisinage de cette plaine, d'une étendue de cent cinquante lieues carrées et d'un terrain sur lequel aucune partie de l'ancienne Régence ne l'emporte en fertilité, n'avait pas peu contribué à faire d'Alger la capitale de la contrée, et à faire continuer, pendant plus de trois siècles, les travaux de son môle, qui n'en ont fait cependant que le troisième port de la Régence.

Qui pourrait aujourd'hui méconnaître l'avantage de cette position ? A côté d'Alger, notre capitale en Afrique, la ville la plus centrale du littoral de nos possessions, dont les fortifications braveraient toutes les puissances maritimes de l'Europe et où nos principaux établissements militaires sont fondés, s'étend une plaine admirable, portant sur tous ses points, les traces d'une ancienne et florissante culture ; elle appartient en grande partie aux Européens ; ils y ont fait les difficiles épreuves de l'acclimatement et de la culture, cette plaine est sous la protection de nos bayonnettes, le canon qui se tire à la Casbah d'Alger s'entend de l'autre côté de la Mitidja. Peuplée et cultivée, elle maintiendrait le massif dans la sécurité la plus profonde ; elle suffirait à l'approvisionnement d'Alger, à la nourriture de deux cent mille hommes ; l'administration y possède seize fermes d'une immense étendue qu'elle peut distribuer à des colons nécessiteux ou réserver pour la fondation de colonies militaires et la récompense des vétérants de notre armée d'Afrique ; un bourg renfermant plus de mille Européens y est établi ; des concessions de terre y ont été faites ; vingt-deux grands établissements commençaient à y prospérer ; la seule prévision de la colonisation de cette terre a été la cause première de la prospérité d'Alger ; Alger paie à douze pour cent l'intérêt de cinquante millions de capitaux français ! Alger vit et prospère sur le crédit que lui a ouvert la colonisation de la Mitidja.

Cette plaine, il est vrai, a un grand tort ; c'est là surtout, que s'est révélée l'absurdité du système de nos gouvernants ; quand Abd-el-Kader eut poussé quelques-unes de ses bandes sur la Mitidja, l'autorité militaire ne prit d'autres mesures que de faire rentrer les troupes dans les camps, et de leur défendre d'en sortir pour porter secours soit aux colons européens, soit aux indigènes.

Plusieurs tribus arabes, après s'être défendues vaillamment, demandaient ou d'être secourues par une colonne mobile, ou d'être placées à l'abri des camps ; elles furent repoussées, et ce fut alors que les habitants du grand et beau village Guirouhaou, que les Arabes, dans leur langage hyperbolique, appelaient la Constantinople de la Mitidja, furent forcés de passer dans les rangs de ceux qu'ils venaient de combattre.

Les chefs des principaux établissements de culture européenne demandaient moins de trois cents hommes pour conserver leurs fermes et continuer le système de défense, que les cultivateurs de M. Tonnac au Kadra, de M. Decrouzilhes à Beni-Moussa, de M. Mercier à la Regaya, avaient heureusement commencé, et par lequel les hommes du moulin de Bab-Aoli, se sont maintenus, dans ce poste, jusqu'à ce moment, ayant bravé avec succès toutes les attaques. Ils avaient la conviction la plus entière, qu'avec ce secours il défendraient leur terrain ; ils offraient leur vie comme gage de cette conviction, car aux premières nouvelles de l'attaque ceux qui étaient à Alger se hâtèrent d'accourir à leur poste, pour concourir à la défense, et ils ne le quittèrent, que lorsque l'ordre de se retirer, eût été impérativement réitéré.

Mais le plan était arrêté d'abandonner les hommes et le pays, on vit avec effroi le déménagement de la maison de campagne du gouverneur, placée à une demie lieue d'Alger, et les troupes employées à élever des fortifications au camp de Mustapha, au jardin du Dey, à Bab-azoun, sous le canon même de la ville. Alors les cultivateurs du massif se replièrent sur Alger, les arabes soumis y conduisirent le reste de leur bétail, et l'on vit dans cette ville, dont les trois quarts des habitants n'ont pas depuis trois mois mangé un morceau de viande, les moutons se vendre alors pour 1 fr. 50 c. et les bœufs pour 30 fr.

Dans cette épouvante, créée autant par l'administration d'Alger, que par les bandes d'Abd-el-Kader, il se passa un fait digne de remarque ; les cultivateurs européens furent les derniers à quitter les fermes de la plaine, les cultivateurs européens se sont maintenus sur les points. les plus éloignés du massif. Dans les communes de l'Arache, de Couba, de Birkadem, du Kadous, de Deli-Ibrahim, ils sont restés sur leurs terres, au milieu des campagnes abandonnées par les Maures, et pour ne citer qu'un seul exemple, nous nommerons l'honnorable maire du Kadous, qui avec sa jeune épouse, vit sans crainte, mais non sans précaution, sur un des lieux les plus exposés.

Voilà les torts du pays, voilà ceux de ses cultivateurs ; ils se résument dans l'incapacité de nos gouvernants. Et leur humeur changeante et rancunière trahirait notre persévérance, nos sacrifices, notre amour pour le pays que nous avons servi !

elle dédaignerait tous les avantages dont ce territoire se trouve doté! Elle forcerait les hommes labo-
rieux à disseminer leurs efforts, et au lieu de s'ap-
puyer en s'avançant du centre à la circonférence,
comme notre occupation militaire, dont il serait
le plus ferme soutien, à se perdre sur un long ru-
ban de côtes, ou sur quelques points isolés, pour
amuser le public, par le récit de la fondation de
quelques colonies nouvelles, et cacher le fait nécessaire, le résultat certain de ces expériences, la
ruine de toute colonisation en Algérie! ou en d'autres termes, après des dépenses follement prodi-
guées, l'abandon de cette conquête, à la grande
risée des puissances de l'Europe et des barbares de
l'Afrique!

Mais non, et c'est trop s'alarmer d'un avis que
la discussion n'a pas éclairé, de projets qui ne pourraient supporter la lumière, et que les seuls mots
de patrie et d'honneur suffiront pour faire rentrer
dans le néant; la Mitidja ne sera pas retirée à la
France par la France, et déjà, si notre voix a pu se
faire entendre, elle connaît les véritables moyens
d'y assurer sa domination et notre prospérité.

Cependant il est d'autres mesures qu'il faut pro-
voquer et il est de notre devoir de dire ici toute notre pensée. Les cultivateurs de la Mitidja sont convaincus que si deux à trois mille hommes avaient pu
être distribuées dans les fermes et dans les quartiers

les plus peuplés de cette plaine, aujourd'hui ruinée et déserte, et que si une colonne mobile avait été organisée pour porter secours dans le cas d'une attaque trop prolongée, non-seulement les colons eussent échappé à leur désastre, mais que les populations arabes restées soumises auraient toutes été protégées et qu'aucune partie de notre territoire ne serait aux mains d'Abd-el-Kader, qui en est encore aujourd'hui le maître; car à l'exception des brigands qu'il soudoie, nul ne peut la traverser librement; les colons ne peuvent même visiter les ruines de leurs maisons, et pour approvisionner les camps, il faut que des escortes, aussi nombreuses que des armées, se mettent en campagne.

Un tel état de chose durera tant qu'il n'y aura pas dans la Mitidja des populations à demeure fixe qui puissent surveiller les brigands et avertir la force armée de leur présence. Si l'on pouvait immédiatement établir les brigades de gendarmerie, leur assistance serait encore nulle, si elle n'était aidée ou renseignée par les habitants.

Les colons de la Mitidja sont disposés à risquer de nouveaux sacrifices, à courir de nouveaux dangers, ils sont impatients du moment où ils pourront relever leurs ruines et rétablir leurs cultures; mais comme la Mitidja ne peut immédiatement se peupler d'européens, quel qu'incommode, quelque dangereux qu'ait été pour eux le voisinage des tribus arabes sédentaires avec lesquelles, en dernier lieu , quelques chefs d'établissements avaient cependant commencé à s'entendre, ils pensent que pour pouvoir rétablir les cultures, ne pas livrer le pays à quelques bandes d'autant plus insaisissables qu'elles sont moins nombreuses, et laisser ainsi en friche cent cinquante lieues carrées du terrain le plus productif, et dont quelque parties renferment de magnifiques plantations, il est nécessaire de revenir à l'ancien état, moins le manque de police en dedans et de protection contre l'ennemi extérieur. La population arabe doit un jour être comme engloutie dans le flot de la population Européenne. Il est dans l'ordre, il est de haute justice que celui qui exploite le mieux la terre en reste le maître. Mais puisque cette population ne peut être immédiatement remplacée par une autre meilleure , puisqu'en interdisant le séjour de la plaine aux tribus de cultivateurs nous ne pourrions faire respecter notre bien des brigands errants, à moins de faire de travaux d'enceinte dont on ne peut calculer ni la dépense, ni la durée, ni les inconvénients, et que la domination des montagnes rendrait inutiles, il faut conserver auprès de nous ceux qui nous donnent quelques garanties, qui d'ailleurs tirent des produits quelconques de la terre, et nous sont de quelqu'assistance dans nos travaux. Il est donc urgent :

1° Que tous les arabes non nomades des cantons

de Beni-Moussa, Krachna et Beni-Khalil qui n'avaient
pas quitté leurs fermes avant l'invasion, soient
sommés de se rendre dans le plus bref délai sur
notre territoire et de réparer leurs demeures ;

2° Qu'une protection efficace leur soit assurée ;

3° Que les arabes Beni-Seliman, Aouffia et autres
nomades soient relégués dans quelques cantons éloignés de l'Est , à moins que le gouvernement n'adop-
tant pas le projet de faire des villages et des colonies
militaires dans les vastes fermes de l'Agha, de Caid-
el-Seps et de l'Harba sur le territoire des Hadjoutes, où
elles commandent les routes de Médéah , de Miliana
et de Cherchel, préfère les y établir provisoirement ;

4° Que les propriétés de tous les indigènes qui
étaient passés chez Abd-el-Kader avant la guerre,
ou qui était restés sur notre territoire, se sont ren-
dus fauteurs de l'invasion ou du pillage, soient con-
fisquées ;

5° Que dorénavant il soit interdit à tous arabes
de la plaine et de certaines parties de la montagne,
à moins de permission expresse et spéciale de l'autorité, d'avoir des chevaux, et qu'il leur soit défendu
sous les peines les plus graves de circuler avec des
armes ;

6° Que des routes soient désignées aux arabes
venant du dehors et qu'ils ne puissent s'en écarter ;

7° Que les indigènes, habitants hors du massif, soient soumis, quant à la juridiction criminelle, à un tribunal spécial résidant sur les lieux dont les membres seront nommés par le gouvernement français, et qui appliquera provisoirement pour la répression des attentats contre les personnes et les propriétés les peines établies dans la Régence avant l'occupation française.

Moyennant ces simples précautions et l'établissement immédiat de la gendarmerie, l'agriculture peut reprendre ses travaux dans la Mitidja, la colonisation se développer, et le commerce ne sera pas entravé de manière à ruiner Alger, à faire passer la source de sa richesse actuelle à Delhis ou à Cherchel, et à faire périr de misère sa population déjà si souffrante, et qui ne pourrait se pourvoir des blés, des bestiaux, des huiles venant de l'intérieur que par l'entremise de spéculateurs et de pourvoyeurs dont de sages arrêtés ont réprimé le trafic.

Il n'entre pas dans le but de ce Mémoire d'exposer tous les griefs dont les Colons ont à se plaindre, d'indiquer les mesures dont la nécessité est sentie de tous, nous craindrions d'affaiblir l'attention en la répandant sur trop d'objets. Nous voulons surtout fixer le gouvernement sur ce qu'il convient de faire dans les circonstances actuelles dès l'entrée en campagne et sur les résultats que l'on doit chercher à obtenir du succès de nos armes.

Nous aurons d'ailleurs provoqué implicitement toutes les améliorations dans l'administration intérieure, en déclarant que, depuis dix années que la France a commencé la conquête de l'Algérie et que les européens, dont le nombre n'a cessé de s'accroître, ont fait des établissements sur cette terre, jamais encore le gouvernement n'a songé à consulter ceux qui sont le plus intéressés à la prospérité du pays, ceux dont l'existence y est fixée, et qui n'ont cessé d'y vivre au milieu du renouvellement de hauts fonctionnaires, que nous avons vus souvent s'éloigner avant d'avoir eu le temps d'étudier et de connaître les intérêts de la contrée qu'ils avaient été appelés à gouverner.

La spécialité à laquelle ont appartenu jusqu'à présent ceux qui ont eu ici le commandement sur toutes choses était pour eux une difficulté de plus pour apprécier des intérêts si divers.

Au lieu de chercher à remédier à une partie de ces inconvénients par des moyens que la raison semble indiquer, c'est à une commission composée d'administrateurs distingués, mais qui n'ont pas vu l'Afrique ou qui n'y ont été que momentanément, qu'a été confié le soin d'élaborer les projets des règlements qui disposent de notre avenir, et de tenir à Paris la boussole qui doit diriger la marche du gouvernement de l'Algérie. Le temps, nos malheurs, l'évidence des erreurs, loin d'amener quelques changement dans ce système, servent au contraire à le confirmer et à l'étendre. Quand un conseil colonial aurait dû être établi, on avait seulement nommé des maires et un conseil municipal; celui-ci n'a pas été légalement détruit, mais, depuis trois ans, on a cessé de le rassembler, et ses membres , dont le pouvoir était expiré, n'ont pas été remplacés. Quant aux maires, ils viennent d'être cassés par un arrêté qui renferme des dispositions utiles en ce qui concerne les quartiers de la plaine, mais dont l'application sera fâcheuse pour le massif, qui se trouve dans des dispositions différentes.

Enfin, les fautes ont été si multipliées, les systèmes erronés sont si persistants et si vivaces, qu'une opinion très nombreuse dans la colonie attribue à un pouvoir occulte et dominant l'intention d'arrêter le développement du pays, et que la méfiance devient générale.

Tous les vœux se résument dans un seul : celui de la DOMINATION GÉNÉRALE, de la COLONISATION PROGRESSIVE, et de l'établissement d'un GOUVERNEMENT CIVIL.

Signés Baron VIALAR, propriétaire-cultivateur ; DE TONNAC, propriétaire-cultivateur; DE MONTAGU, propriétaire-cultivateur; ROZEY, nég.-prop.; DE SAINT-GUILHEM, prop.-cultivateur ; ROUFFEY, propriétaire-fabricant; SAGOT DE NANTELLY, propriétaire ; GAETAN CITATI, négociant-propriétaire ; MAINTIGNEUX , négociant - propriétaire ;

Signés Sabatault, prop.; Tallichet, propriétaire-cultivateur; Parodi, propriétaire; Bardout, négociant; Roux fils, négociant-propriétaire; Fourchon, négociant-propriétaire; Lavollée, notaire et propriétaire; Dermineur, avocat-propriétaire; Suquet, négociant-propriétaire; Menager, négociant, représentant de la maison Thayer de Paris; Dumouchel, propriétaire industriel; Brocard, propriétaire-entrep.; Tassy, négoc.-propriét.; Ameslan, propriétaire-négociant; Rémy Long, propriétaire-cultivateur; Frutié, propriétaire-cultivateur; Astruc, propriétaire-cultivateur; Nlas. Luxardo, négociant-propriétaire; Brasqui, propriétaire-entrepreneur; Sauvaire; propriétaire; A. Raynaud, négociant-propriétaire; Mazère, propriétaire-cultivateur; Venture, propriétaire-négociant; Moignard, propriétaire; Eymin, propriétaire, Roux, négociant-propriétaire; Longueville, avocat-propriétaire; Roulevaud, propriétaire-entrepreneur; Philemon-Desmoulins, propriétaire; Arnaudeau, propriétaire-cultivateur, représentant d'une compagnie; Aguettaut, négociant-propriétaire; Brudo père et Brudo fils, propriétaires et négociants; Sarlande, propriétaire-entrepreneur; Catala, entrepreneur-propriétaire; Defrance, pharmacien-propriétaire; Camot, négociant-propriétaire; Baudraud, avocat-propriétaire; Simorre, propriétaire-négociant; Morin, propriétaire-cultivateur; Papillon, propriétaire-cultivateur; Millot de Vernoux, propriétaire-cultivateur; Trolliet, médecin-propriétaire;

Signés CASTELLI ANDRÉ, propriétaire-entrepreneur; COUPPEL DE LUDE, propriétaire-cultivateur; AUGUSTE LAUDOYER, propriétaire; GRANCHY, propriétaire; CAUSSIDOU AUGUSTE, propriétaire-cultivateur; FAURÉ, propriétaire; L. MATHIEU, propriétaire; CHALMETTE, propriétaire; PIGALLE, propriétaire; COEUR DE ROY, négociant-propriétaire; SIMONNET, pharmacien-propriétaire; BOISEI, architecte; BOYER, id.; ORMOU, propriétaire; OLIVE, propriétaire; SAULIÈRE, négociant-propriétaire, et un grand nombre d'autres signatures.